Der Gingganz und das Mondschaf, Palmström, Muhme Kunkel und das Löwenreh ... In der virtuosen Sprachwelt Christian Morgensterns haben sie ihren festen Platz. Mit liebenswürdigem und scharfsinnigem Witz gelingt es ihm immer wieder, Ungereimtheiten und tiefere Wahrheiten poetisch zu verschlüsseln. So gaustern seine skurrilen Verse und heiter-grotesken Dichtungen gemeinsam mit dem Flügelflagel durch unser Leben. Und stimmen uns froh.

»Lachen und Lächeln sind Tor und Pforte, durch die viel Gutes in den Menschen hineinhuschen kann.«

Christian Morgenstern, geboren am 6. Mai 1871 in München, starb am 31. März 1914 in Meran.

insel taschenbuch 3626

Lebenslust mit

Christian Morgenstern

Lebenslust mit Christian Morgenstern

Ausgewählt von Thomas Kluge

Insel Verlag

Umschlagillustration: Hans Traxler

insel taschenbuch 3626
Originalausgabe
Erste Auflage 2010

Vertrieb durch den Suhrkamp Taschenbuch Verlag
Umschlag nach Entwürfen von Willy Fleckhaus
Satz: Hümmer GmbH, Waldbüttelbrunn
Druck: Druckhaus Nomos, Sinzheim
Printed in Germany
ISBN 978-3-458-35326-3

2 3 4 5 6 – 16 15 14 13 12

INHALT

Laß die Moleküle rasen,
was sie auch zusammenknobeln!
Laß das Tüfteln, laß das Hobeln,
heilig halte die Ekstasen.

Die Rehlein falten die Zehlein

DAS GEBET

Die Rehlein beten zur Nacht,
hab acht!

Halb neun!

Halb zehn!

Halb elf!

Halb zwölf!

Zwölf!

Die Rehlein beten zur Nacht,
hab acht!
Sie falten die kleinen Zehlein,
die Rehlein.

DREI HASEN

Eine groteske Ballade

Drei Hasen tanzen im Mondschein
im Wiesenwinkel am See:
Der eine ist ein Löwe,
der andre eine Möwe,
der dritte ist ein Reh.

Wer fragt, der ist gerichtet,
hier wird nicht kommentiert,
hier wird an sich gedichtet;
doch fühlst du dich verpflichtet,
erheb sie ins Geviert
und füge dazu den Purzel
von einem Purzelbaum,
und zieh aus dem Ganzen die Wurzel
und träum den Extrakt als Traum.

Dann wirst du die Hasen sehen
im Wiesenwinkel am See,
wie sie auf silbernen Zehen
im Mond sich wunderlich drehen
als Löwe, Möwe und Reh.

DAS MONDSCHAF

Das Mondschaf steht auf weiter Flur.
Es harrt und harrt der großen Schur.
  Das Mondschaf.

Das Mondschaf rupft sich einen Halm
und geht dann heim auf seine Alm.
  Das Mondschaf.

Das Mondschaf spricht zu sich im Traum:
»Ich bin des Weltalls dunkler Raum.«
  Das Mondschaf.

Das Mondschaf liegt am Morgen tot.
Sein Leib ist weiß, die Sonn' ist rot.
Das Mondschaf.

FISCHES NACHTGESANG

—
◡ ◡
— — —
◡ ◡ ◡ ◡
— — —
◡ ◡ ◡ ◡
— — —
◡ ◡ ◡ ◡
— — —
◡ ◡ ◡ ◡
— — —
◡ ◡
—

DAS GROSSE LALULĀ

Kroklokwafzi? Sem̃em̃em̃i!
Seiokrontro – prafriplo:
Bifzi, bafzi; hulalem̃i:
quasti basti bo ...
Lalu lalu lalu lalu la!

Hontraruru miromente
zasku zes rü rü?
Entepente, leiolente
klekwapufzi lü?
Lalu lalu lalu lalu la!

Simarar kos malzipempu
silzuzankunkrei(;)!
Marjomar dos: Quempu Lempu
Siri Suri Sei[ ]!
Lalu lalu lalu lalu la!

DAS EINHORN

Das Einhorn lebt von Ort zu Ort
nur noch als Wirtshaus fort.

Man geht hinein zur Abendstund'
und sitzt den Stammtisch rund.

Wer weiß! Nach Jahr und Tag sind wir
auch ganz wie jenes Tier.

Hotels nur noch, darin man speist –
(so völlig wurden wir zu Geist).

Im »Goldnen Menschen« sitzt man dann
und sagt sein Solo an …

KLABAUTERMANN

Klabautermann,
Klabauterfrau,
Klabauterkind
im Schiffe sind.

Die Küchenfei
erblickt die drei.
Sie schreit: »O Graus,
das Stück ist aus!«

Den Pudel Pax –
den Kaufmann Sachs –
sie alle frißt
der Meerschoßdachs.

Klabautermann,
Klabauterfrau,
Klabauterkind
wo anders sind.

DAS HEMMED

Kennst du das einsame Hemmed?
Flattertata, flattertata.

Der's trug, ist baß verdämmet!
Flattertata, flattertata.

Es knattert und rattert im Winde.
Windurudei, windurudei.

Es weint wie ein kleines Kinde.
Windurudei, windurudei.

Das ist das einsame
Hemmed.

DIE TRICHTER

Zwei Trichter wandeln durch die Nacht.
Durch ihres Rumpfs verengten Schacht
fließt weißes Mondlicht
still und heiter
auf ihren
Waldweg
u. s.
w.

DAS ÄSTHETISCHE WIESEL

Ein Wiesel
saß auf einem Kiesel
inmitten Bachgeriesel.

Wißt ihr
weshalb?

Das Mondkalb
verriet es mir
im Stillen:

Das raffinier-
te Tier
tat's um des Reimes willen.

DER ROCK

Der Rock, am Tage angehabt,
er ruht zur Nacht sich schweigend aus;
durch seine hohlen Ärmel trabt
die Maus.

Durch seine hohlen Ärmel trabt
gespenstisch auf und ab die Maus ...
Der Rock, am Tage angehabt,
er ruht zur Nacht sich aus.

Er ruht, am Tage angchabt,
im Schoß der Nacht sich schweigend aus,
er ruht, von seiner Maus durchtrabt,
sich aus.

P.

DAS LÖWENREH

Das Löwenreh durcheilt den Wald
und sucht den Förster Theobald.

Der Förster Theobald desgleichen
sucht es durch Pürschen zu erreichen,

und zwar mit Kugeln, deren Gift
zu Rauch verwandelt, wen es trifft.

Als sie sich endlich haben, schießt
er es, worauf er es genießt.

Allein die Kugel wirkt alsbald:
Zu Rauch wird Reh nebst Theobald ...

Seitdem sind beide ohne Frage
ein dankbares Objekt der Sage.

NACHTBILD

Es horcht ein Hofhund hinterm Zaun
(»Achtung! Hunde!«)
Es horcht ein Hofhund hinterm Zaun
zur mitternächtigen Stunde.
Mit glüh'nden Augen steht der Hund
an einem Möbelwagen ...
Der Mensch ist fort. Die Nacht ist rund
mit Sternen ausgeschlagen.

VICE VERSA

Ein Hase sitzt auf einer Wiese,
des Glaubens, niemand sähe diese.

Doch, im Besitze eines Zeißes,
betrachtet voll gehaltnen Fleißes

vom vis-à-vis gelegnen Berg
ein Mensch den kleinen Löffelzwerg.

Ihn aber blickt hinwiederum
ein Gott von fern an, mild und stumm.

LEBENS-LAUF

Ein Mann verfolgte einen anderen
(aus Deutz). (Er selber war aus Flandern.)

Der Deutzer, just kein großer Held,
gibt unverzüglich Fersengeld.

Der Fläme sagt sich: Ei, nun gut!
und sammelt es in seinen Hut.

Und sammelt bis zur finstern Nacht,
und morgens, als der Hahn erwacht,

und jener weiter flieht, voll Reue,
da füllt er seinen Hut aufs neue.

Durch ganz Europa geht es so.
Sie sind bereits am Flusse Po.

Sie sind in Algier ungefähr,
da ist der eine Millionär.

Wie – Millionär? Oh Allahs Güte!
Sein Schatz mißt hunderttausend Hüte.

ETIKETTEN-FRAGE

Ein halber Eßl. und ein Teel.
besahn einander stolz und scheel.

Der Teel. erklärte: »*Ich* bin mehr!«
Der halbe Eßl. rief, nein, *Er*!

Die Wissenschaft entschied voll Hohn:
Das kommt vom populären Ton.

Ihr seid, sprach patzig die Madam,
einfach fünf Gramm und zehen Gramm.

Ein Schnupfen hockt auf der Terrasse

DER SCHNUPFEN

Ein Schnupfen hockt auf der Terrasse,
auf daß er sich ein Opfer fasse

– und stürzt alsbald mit großem Grimm
auf einen Menschen namens Schrimm.

Paul Schrimm erwidert prompt: Pitschü!
und *hat* ihn drauf bis Montag früh.

DAS KNIE

Ein Knie geht einsam durch die Welt.
Es ist ein Knie, sonst nichts!
Es ist kein Baum! Es ist kein Zelt!
Es ist ein Knie, sonst nichts.

Im Kriege ward einmal ein Mann
erschossen um und um.
Das Knie allein blieb unverletzt –
als wär's ein Heiligtum.

Seitdem geht's einsam durch die Welt.
Es ist ein Knie, sonst nichts.
Es ist kein Baum, es ist kein Zelt.
Es ist ein Knie, sonst nichts.

DAS NASOBĒM

Auf seinen Nasen schreitet
einher das Nasobēm,
von seinem Kind begleitet.
Es steht noch nicht im Brehm.

Es steht noch nicht im Meyer.
Und auch im Brockhaus nicht.
Es trat aus meiner Leyer
zum ersten Mal ans Licht.

Auf seinen Nasen schreitet
(wie schon gesagt) seitdem,
von seinem Kind begleitet,
einher das Nasobēm.

MONDENDINGE

Dinge gehen vor im Mond,
die das Kalb selbst nicht gewohnt.

Tulemond und Mondamin
liegen heulend auf den Knien.

Heulend fletschen sie die Zähne
auf der schwefligen Hyäne.

Aus den Kratern aber steigt
Schweigen, das sie überschweigt.

Dinge gehen vor im Mond,
die das Kalb selbst nicht gewohnt.

Tulemond und Mondamin
liegen heulend auf den Knien …

DIE LÄMMERWOLKE

Es blökt eine Lämmerwolke
am blauen Firmament,
sie blökt nach ihrem Volke,
das sich von ihr getrennt.

Zu Bomst das Luftschiff »Gunther«
vernimmt's und fährt empor
und bringt die Gute herunter,
die, ach, so viel verlor.

Bei Bomst wohl auf der Weide,
da schwebt sie nun voll Dank,
drei Jungfraun in weißem Kleide,
die bringen ihr Speis und Trank.

Doch als der Morgen gekommen,
der nächste Morgen bei Bomst, –
da war sie nach Schrimm verschwommen,
wohin du von Bomst aus kommst …

DER REGEN

Ein Regen kam auf eine Kirmes
und bat den Eigentümer von
dem »tanzenden Chamäleon«
um Überlassung eines Schirmes.

Doch während er noch bat – wie dumm –
bekam er schon den Sonnenstich
und mußte sterben und verblich
zum allgemeinen Gaudium.

Es gibt ein Gespenst,
das frißt Taschentücher,
es begleitet dich
auf deinen Reisen,
es frißt dir aus dem Koffer,
aus dem Bett,
aus dem Nachttisch,
wie ein Vogel
aus der Hand.
Mit 18 Tüchern,
stolzer Segler,
fährst du hinaus
aufs Meer der Fremde,
mit acht bis sieben
kehrst du zurück,
ein Gram der Hausfrau.
Wehe, wehe,
nie sah ein Auge

den scheußlichen Alf,
doch tausend Tücher
schlingt er allnächtlich
in seinen
weltweit
verteilten
Bauch.

DER GAUL

Es läutet beim Professor Stein.
Die Köchin rupft die Hühner.
Die Minna geht: Wer kann das sein? –
  Ein Gaul steht vor der Türe.

Die Minna wirft die Türe zu.
Die Köchin kommt: Was gibt's denn?
Das Fräulein kommt im Morgenschuh.
  Es kommt die ganze Familie.

»Ich bin, verzeihn Sie«, spricht der Gaul,
»der Gaul vom Tischler Bartels.
Ich brachte Ihnen dazumal
  die Tür- und Fensterrahmen!«

Die vierzehn Leute samt dem Mops,
sie stehn, als ob sie träumten.
Das kleinste Kind tut einen Hops,
  die andern stehn wie Bäume.

Der Gaul, da keiner ihn versteht,
schnalzt bloß mal mit der Zunge,
dann kehrt er still sich ab und geht
die Treppe wieder hinunter.

Die dreizehn schaun auf ihren Herrn,
ob er nicht sprechen möchte.
Das war, spricht der Professor Stein,
ein unerhörtes Erlebnis!...

DER LATTENZAUN

Es war einmal ein Lattenzaun,
mit Zwischenraum, hindurchzuschaun.

Ein Architekt, der dieses sah,
stand eines Abends plötzlich da –

und nahm den Zwischenraum heraus
und baute draus ein großes Haus.

Der Zaun indessen stand ganz dumm,
mit Latten ohne was herum,

Ein Anblick gräßlich und gemein.
Drum zog ihn der Senat auch ein.

Der Architekt jedoch entfloh
Nach Afri – od – Ameriko.

DAS HUHN

In der Bahnhofhalle, nicht für es gebaut,
geht ein Huhn
hin und her ...
Wo, wo ist der Herr Stationsvorsteh'r?
Wird dem Huhn
man nichts tun?
Hoffen wir es! Sagen wir es laut:
daß ihm unsre Sympathie gehört,
selbst an dieser Stätte, wo es – »stört«!

DIE ZWEI WURZELN

Zwei Tannenwurzeln groß und alt
unterhalten sich im Wald.

Was droben in den Wipfeln rauscht,
das wird hier unten ausgetauscht.

Ein altes Eichhorn sitzt dabei
und strickt wohl Strümpfe für die zwei.

Die eine sagt: knig. Die andre sagt: knag.
Das ist genug für einen Tag.

UNTER ZEITEN

Das Perfekt und das Imperfekt
  tranken Sekt.
Sie stießen aufs Futurum an
(was man wohl gelten lassen kann).

Plusquamper und Exaktfutur
  blinzten nur.

DER TEPPICH

Ein teurer Teppich liegt inmitten
des Raums, ehrfürchtig überschritten.

Auf einem Sofa sitzt ein Mann
und blickt den Teppich sinnend an.

DIE SCHUHE

Man sieht sehr häufig unrecht tun,
doch selten öfter als den Schuhn.

Man weiß, daß sie nach ewgen Normen
die Form der Füße treu umformen.

Die Sohlen scheinen auszuschweifen,
bis sie am Ballen sich begreifen.

Ein jeder merkt: es ist ein Paar.
Nur Mägden wird dies niemals klar.

Sie setzen Stiefel (wo auch immer)
einander abgekehrt vors Zimmer.

Was müssen solche Schuhe leiden!
Sie sind so fleißig, so bescheiden;

sie wollen nichts auf dieser Welt,
als daß man sie zusammenstellt,

nicht auseinanderstrebend wie
das unvernünftig blöde Vieh!

[...]

DIE UNTERHOSE

Heilig ist die Unterhose,
wenn sie sich in Sonn' und Wind,
frei von ihrem Alltagslose,
auf ihr wahres Selbst besinnt.

Fröhlich ledig der Blamage
steter Souterränität,
wirkt am Seil sie als Staffage,
wie ein Segel leicht gebläht.

Keinen Tropus ihr zum Ruhme
spart des Malers Kompetenz,
preist sie seine treuste Blume
Sommer, Winter, Herbst und Lenz.

TERTIUS GAUDENS

(Ein Stück Entwicklungsgeschichte)

Vor vielen Jahren sozusagen
hat folgendes sich zugetragen.

Drei Säue taten und ein Huhn
in einem Hof zusammenruhn.

Das Huhn, wie manchmal Hühner sind
(im Sprichwort mindestens), war blind.

Die Säue waren schlechtweg Säue
von völliger Naturgetreue.

Dies Dreieck nahm ein Mann aufs Ziel,
vielleicht war's auch ein Weib, gleichviel.

Und trat heran und gab den Schweinen –
Ihr werdet: Runkelrüben meinen.

O nein, er warf – (er oder sie) –
warf – Perlen vor das schnöde Vieh.

Die Säue schlossen träg die Lider ...
Das Huhn indessen, still und bieder,

erhob sich ohne Hast noch Zorn
und fraß die Perlen auf wie Korn.

Der Mensch entwich und sann auf Rache;
doch Gott im Himmel wog die Sache

der drei Parteien und entschied,
daß dieses Huhn im nächsten Glied

die Perlen außen tragen solle.
Auf welche Art die Erdenscholle –

das Perlschwein –? Nein! das war verspielt!
das Perl-*Huhn* zum Geschenk erhielt.

DER DROSCHKENGAUL

Ich bin zwar nur ein Droschkengaul, –
doch philosophisch regsam;
der Freß-Sack hängt mir kaum ums Maul,
so werd ich überlegsam.
Ich schwenk ihn her, ich schwenk ihn hin,
und bei dem trauten Schwenken
geht mir so manches durch den Sinn,
woran nur Weise denken.

[...]

NEUE BILDUNGEN, DER NATUR VORGESCHLAGEN

Der Ochsenspatz
Die Kamelente
Der Regenlöwe
Die Turtelunke
Die Schoßeule
Der Walfischvogel
Die Quallenwanze
Die Rabenmaus
Der Gürtelstier
Der Pfauerochs
Der Werfuchs
Das Dreihorn
Der Zwöllefant
Die Tagigall
Der Sägeschwan
Der Süßwassermops
Der Weinpintscher
Das Sturmspiel.

SÉANCE

Die ausgestorbene Seekuh Naus
erschien in Madam Müllers Haus.

Und schrieb auf ein Papier mit Blei:
Ja! (Daß sie ausgestorben sei).

Man gab das Blatt herum im Saal.
Worauf die Seekuh sich empfahl.

Ein Seufzer lief Schlittschuh

DER SEUFZER

Ein Seufzer lief Schlittschuh auf nächtlichem Eis
und träumte von Liebe und Freude.
Es war an dem Stadtwall, und schneeweiß
glänzten die Stadtwallgebäude.

Der Seufzer dacht' an ein Maidelein
und blieb erglühend stehen.
Da schmolz die Eisbahn unter ihm –
und er sank – und ward nimmer gesehen.

DIE BEICHTE DES WURMS

Es lebt in einer Muschel
ein Wurm gar seltner Art;
der hat mir mit Getuschel
sein Herze offenbart.

Sein armes kleines Herze,
hei, wie das flog und schlug!
Ihr denket wohl, ich scherze?
Ach, denket nicht so klug.

Es lebt in einer Muschel
ein Wurm gar seltner Art;
der hat mir mit Getuschel
sein Herze offenbart.

DIE BEIDEN ESEL

Ein finstrer Esel sprach einmal
zu seinem ehlichen Gemahl:

»Ich bin so dumm, du bist so dumm,
wir wollen sterben gehen, kumm!«

Doch wie es kommt so öfter eben:
die beiden blieben fröhlich leben.

Mich erfüllt Liebestoben zu dir!
Ich bin deinst,
als ob einst
wir vereinigst.

Sei du meinst!
Komm Liebchenstche zu mir –
ich vergehste sonst
sehnsuchtstgepeinigst.

Doch achst, achst, schwach, arm Wortleinstche ei, was –
genug, da auch du mich liebstest.
Fühls, fühls ohne Worte mein Meinstlein:
Ich sehne dich Steste -st -st!

IGEL UND AGEL

Ein Igel saß auf einem Stein
und blies auf einem Stachel sein.
Schalmeiala, schalmeialü!
Da kam sein Feinslieb Agel
und tat ihm schnigel schnagel
zu seinen Melodein.
Schnigula schnagula
schnaguleia lü!

Das Tier verblies sein Flötenhemd...
»Wie siehst Du aus so furchtbar fremd!?«
Schalmeiala, schalmeialü –.
Feins Agel ging zum Nachbar, ach!
Den Igel aber hat der Bach
zum Weiher fortgeschwemmt.
Wigula wagula
waguleia wü
tü tü...

LIEBESERKLÄRUNG DES RABEN RALF AN DIE RÄBIN LOUISE BROXAK

Tôr! tôr! tôr!
broxak! broxak!
kokoloko? klokoko!

Serbo – serbo –
broxak! broxak!
kolkrekolo! krekloko?

Kar! Kar! Kar!
broxak! broxak!
Kalakaka! Kralkaka!

DER WERWOLF

Ein Werwolf eines Nachts entwich
von Weib und Kind und sich begab
an eines Dorfschullehrers Grab
und bat ihn: »Bitte, beuge mich!«

Der Dorfschulmeister stieg hinauf
auf seines Blechschilds Messingknauf
und sprach zum Wolf, der seine Pfoten
geduldig kreuzte vor dem Toten:

»Der Werwolf« – sprach der gute Mann,
»des Weswolfs, Genitiv sodann,
dem Wemwolf, Dativ, wie man's nennt,
den Wenwolf, – damit hat's ein End'.«

Dem Werwolf schmeichelten die Fälle,
er rollte seine Augenbälle.
»Indessen«, bat er, »füge doch
zur Einzahl auch die Mehrzahl noch!«

Der Dorfschulmeister aber mußte
gestehn, daß er von ihr nichts wußte.
Zwar Wölfe gäb's in großer Schar,
doch »Wer« gäb's nur im Singular.

Der Wolf erhob sich tränenblind –
er hatte ja doch Weib und Kind!!
Doch da er kein Gelehrter eben,
so schied er dankend und ergeben.

DIE ZWEI PARALLELEN

Es gingen zwei Parallelen
ins Endlose hinaus,
zwei kerzengerade Seelen
und aus solidem Haus.

Sie wollten sich nicht schneiden
bis an ihr seliges Grab:
das war nun einmal der beiden
geheimer Stolz und Stab.

Doch als sie zehn Lichtjahre
gewandert neben sich hin,
da war's dem einsamen Paare
nicht irdisch mehr zu Sinn.

War'n sie noch Parallelen?
Sie wußten's selber nicht, –

sie flossen nur wie zwei Seelen
zusammen durch ewiges Licht.

Das ewige Licht durchdrang sie,
da wurden sie eins in ihm;
die Ewigkeit verschlang sie,
als wie zwei Seraphim.

DAS AUGE DER MAUS

Das rote Auge einer Maus
lugt aus deren Loch heraus.

Es funkelt durch die Dämmerung ...
Das Herz gerät in Hämmerung.

»Das Herz von wem?« Das Herz von mir!
Ich sitze nämlich vor dem Tier.

O Seele, denk an diese Maus!
Alle Dinge sind voll Graus.

DER WASSERESEL

Der Wasseresel taucht empor
und legt sich rücklings auf das Moor.

Und ordnet künstlich sein Gebein,
im Hinblick auf den Mondenschein:

So daß der Mond ein Ornament
auf seines Bauches Wölbung brennt ...

Mit diesem Ornamente naht
er sich der Fingur Wasserstaat.

Und wird von dieser, rings beneidet,
mit einem Doktorhut bekleidet.

Als Lehrer liest er nun am Pult,
wie man durch Geist, Licht und Geduld,

verschönern könne, was sonst nicht
in allem dem Geschmack entspricht.

Er stellt zuletzt mit viel Humor
sich selbst als lehrreich Beispiel vor.

»Einst war ich meiner Dummheit Beute«
so spricht er – »und was bin ich heute?

Ein Kunstwerk der Kulturbegierde,
des Waldes Stolz, des Weihers Zierde!

Seht her, ich bring' euch in Person
das Kunsthandwerk als Religion.«

DIE BEIDEN FLASCHEN

Zwei Flaschen stehn auf einer Bank,
die eine dick, die andre schlank.
Sie möchten gerne heiraten.
Doch wer soll ihnen beiraten?

Mit ihrem Doppel-Auge leiden
sie auf zum blauen Firmament ...
Doch niemand kommt herabgerennt
und kopuliert die beiden.

MOPSENLEBEN

Es sitzen Möpse gern auf Mauerecken,
die sich ins Straßenbild hinaus erstrecken,

[um] von sotanen vorteilhaften Posten
die bunte Welt gemächlich auszukosten.

O Mensch, lieg vor dir selber auf der Lauer,
sonst bist du auch ein Mops nur auf der Mauer.

DER HECHT

Ein Hecht, vom heiligen Antōn
bekehrt, beschloß, samt Frau und Sohn,
am vegetarischen Gedanken
moralisch sich emporzuranken.

Er aß seit jenem nur noch dies:
Seegras, Seerose und Seegries.
Doch Gries, Gras, Rose floß, o Graus,
entsetzlich wieder hinten aus.

Der ganze Teich ward angesteckt.
Fünfhundert Fische sind verreckt.
Doch Sankt Antōn, gerufen eilig,
sprach nichts als: Heilig! heilig! heilig!

TAPETENBLUME

»Tapetenblume bin ich fein,
kehr' wieder ohne Ende,
doch satt im Mai'n und Mondenschein,
auf jeder der vier Wände.

Du siehst mich nimmerdar genung,
so weit du blickst im Stübchen,
und folgst du mir per Rösselsprung –
wirst du verrückt, mein Liebchen.«

Am Morgen spricht die Magd ganz wild

DER TRAUM DER MAGD

Am Morgen spricht die Magd ganz wild:
»Ich hab heut nacht ein Kind gestillt –

ein Kind mit einem Käs als Kopf –
und einem Horn am Hinterschopf!

Das Horn, o denkt euch, war aus Salz
und ging zu essen, und dann –«
»Halt's –
halt's Maul!« so spricht die Frau, »und geh
an deinen Dienst, Zä-zi-li-ē!«

ZÄZILIE

Zäzilie soll die Fenster putzen,
sich selbst zum Gram, jedoch dem Haus zum Nutzen.

Durch meine Fenster muß man, spricht die Frau,
so durchsehn können, daß man nicht genau
erkennen kann, ob dieser Fenster Glas
Glas oder bloße Luft ist. Merk dir das.

Zäzilie ringt mit allen Menschen-Waffen ...
Doch Ähnlichkeit mit Luft ist nicht zu schaffen.

Zuletzt ermannt sie sich mit einem Schrei –
und schlägt die Fenster allesamt entzwei!
Dann säubert sie die Rahmen von den Resten,
und ohne Zweifel ist es so am besten.
sogar die Dame spricht, zunächst verdutzt:
So hat Zäzilie ja noch nie geputzt.

Doch alsobald ersieht man, was geschehn,
und spricht einstimmig: Diese Magd muß gehn.

NEIN!

Pfeift der Sturm?
Keift ein Wurm?
Heulen
Eulen
Hoch vom Turm?

Nein!

Es ist des Galgenstrickes
dickes
Ende, welches ächzte,
gleich als ob
im Galopp
eine müdgehetzte Mähre
nach dem nächsten Brunnen lechzte
(der vielleicht noch ferne wäre).

DER NACHTSCHELM UND DAS SIEBENSCHWEIN
ODER
EINE GLÜCKLICHE EHE

Der Nachtschelm und das Siebenschwein,
die gingen eine Ehe ein,
  o wehe!
Sie hatten dreizehn Kinder, und
davon war eins der Schluchtenhund,
zwei andre waren Rehe.

Das vierte war die Rabenmaus,
das fünfte war ein Schneck samt Haus,
  o Wunder!
Das sechste war ein Käuzelein,
das siebte war ein Siebenschwein
und lebte in Burgunder.

Acht war ein Gürteltier nebst Gurt,
neun starb sofort nach der Geburt,
  o wehe!
Von zehn bis dreizehn ist nicht klar; –
doch wie dem auch gewesen war,
es war eine glückliche Ehe!

DER ZWÖLF-ELF

Der Zwölf-Elf hebt die linke Hand:
Da schlägt es Mitternacht im Land.

Es lauscht der Teich mit offnem Mund.
Ganz leise heult der Schluchtenhund.

Die Dommel reckt sich auf im Rohr.
Der Moosfrosch lugt aus seinem Moor.

Der Schneck horcht auf in seinem Haus.
Desgleichen die Kartoffelmaus.

Das Irrlicht selbst macht Halt und Rast
auf einem windgebrochnen Ast.

Sophie, die Maid, hat ein Gesicht:
Das Mondschaf geht zum Hochgericht.

Die Galgenbrüder wehn im Wind.
Im fernen Dorfe schreit ein Kind.

Zwei Maulwürf küssen sich zur Stund
als Neuvermählte auf den Mund.

Hingegen tief im finstern Wald
ein Nachtmahr seine Fäuste ballt:

Dieweil ein später Wanderstrumpf
sich nicht verlief in Teich und Sumpf.

Der Rabe Ralf ruft schaurig: »Krah!
Das End ist da! Das End ist da!«

Der Zwölf-Elf senkt die linke Hand:
Und wieder schläft das ganze Land.

DER RABE RALF

Der Rabe Ralf
   will will hu hu
dem niemand half
   still still du du
half sich allein
am Rabenstein
   will will still still
      hu hu

Die Nebelfrau
   will will hu hu
nimmt's nicht genau
   still still du du
sie sagt nimm nimm
's ist nicht so schlimm
   will will still still
      hu hu

Doch als ein Jahr
   will will hu hu
vergangen war
   still still du du
da lag im Rot
der Rabe tot
   will will still still
      du du

KM 21

Ein Rabe saß auf einem Meilenstein
und rief Ka-em-zwei-ein, Ka-em-zwei-ein ...

Der Werhund lief vorbei, im Maul ein Bein,
der Rabe rief Ka-em-zwei-ein, zwei-ein.

Vorüber zottelte das Zapfenschwein,
der Rabe rief und rief Ka-em-zwei-ein.

»Er ist besessen!« – kam man überein.
»Man führe ihn hinweg von diesem Stein!«

Zwei Hasen brachten ihn zum Kräuterdachs.
Sein Hirn war ganz verstört und weich wie Wachs.

Noch sterbend rief er (denn er starb dort) sein
Ka-em-zwei-ein, Ka-em-zwei-ein ...

HIMMEL UND ERDE

Der Nachtwindhund weint wie ein Kind,
dieweil sein Fell von Regen rinnt.

Jetzt jagt er wild das Neumondweib,
das hinflieht mit gebognem Leib.

Tief unten geht, ein dunkler Punkt,
querüberfeld ein Forstadjunkt.

DIE FINGUR

Es lacht die Nachtalp-Henne,
es weint die Windhorn-Gans,
es bläst der schwarze Senne
zum Tanz.

Ein Uhu-Tauber turtelt
nach seiner Uhuin.
Ein kleiner Sechs-Elf hurtelt
von Busch zu Busch dahin ...

Und Wiedergänger gehen,
und Raben rufen kolk,
und aus den Teichen sehen
die Fingur und ihr Volk ...

GEISS UND SCHLEICHE

Die Schleiche singt ihr Nachtgebet,
die Waldgeiß staunend vor ihr steht.

Die Waldgeiß schüttelt ihren Bart,
wie ein Magister hochgelahrt.

Sie weiß nicht, was die Schleiche singt,
sie hört nur, daß es lieblich klingt.

Die Schleiche fällt in Schlaf alsbald.
Die Geiß geht sinnend durch den Wald.

DAS GEIERLAMM

Der Lämmergeier ist bekannt,
das Geierlamm erst hier genannt.

Der Geier, der ist offenkundig,
das Lamm hingegen untergrundig.

Es sagt nicht hu, es sagt nicht mäh
und frißt dich auf aus nächster Näh.

Und dreht das Auge dann zum Herrn.
Und alle haben's herzlich gern.

DAS FEST DES WÜSTLINGS

(Zu flüstern)

Was stört so schrill die stille Nacht?
Was sprüht der Lichter Lüstrepracht?
  Das ist das Fest des Wüstlings!

Was huscht und hascht und weint und lacht?
Was cymbelt gell? was flüstert sacht?
  Das ist das Fest des Wüstlings!

Die Pracht der Nacht ist jach entfacht!
Die Tugend stirbt, das Laster lacht!
  Das ist das Fest des Wüstlings!

Ein Wildschwein und ein Zahmschwein sahn
sich an durch eines Zaunes Zahn.

Das Zahmschwein (anders als das Wild-)
hielt jenes für sein Spiegelbild.

Hinwieder dies verächtlich spie
auf sein rasiertes vis-à-vis.

Das Zahmschwein wandte sich empört,
aus seiner Illusion gestört.

Die Wildsau lief, berechtigt-stolz,
ins nächstgelegne Unterholz.

ROLF UND LULU

Palmströms Muhme geht voraus,
wo's ein Tier zu schützen gilt.
Tapfer hält sie ihren Schild
vor die kleinste Ackermaus.

Ihre Dienstmagd Lulu Hammer,
welche Fleisch freut wie ein Wolf
sperrt sie, samt dem Kälblein Rolf
eines Tags in ihre Kammer.

Legt ein Beilchen ihr parat,
spricht: Wofern dir Fleisch so not
schlag denn auch dies Fleisch selbst tot, –
oder aber iß Salat.

Lulu, ganz in sich verwandelt
fühlt, wie grauslich ihre Gier,
bittet ab dem Bruder Tier.
Ja, noch mehr, sie hat gehandelt

wie sonst nur der Helden Weise:
Nämlich gab, fürwahr, sie tat es,
Rolf die Köpfe des Salates
und verblieb selbst ohne Speise.

Schließlich ruft sie nach der Muhme ...
Rolf und Lulu gehn heraus ...
Und sie lebt seitdem im Haus,
reinerer Moral zum Ruhme.

DER GINGGANZ

Ein Stiefel wandern und sein Knecht
von Knickebühl gen Entenbrecht.

Urplötzlich auf dem Felde drauß
begehrt der Stiefel: Zieh mich aus!

Der Knecht drauf: Es ist nicht an dem;
doch sagt mir, lieber Herre; –: wem?

Dem Stiefel gibt es einen Ruck:
Fürwahr, beim heiligen Nepomuk,

ich GING GANZ in Gedanken hin ...
Du weißt, daß ich ein andrer bin,

seitdem ich meinen Herrn verlor ...
Der Knecht wirft beide Arm' empor,

als wollt' er sagen: Laß doch, laß!
Und weiter zieht das Paar fürbaß.

DER HEILIGE PARDAUZ

Im Inselwald »Zum stillen Kauz«,
da lebt der heilige Pardauz.

Du schweigst? Ist dir der Mund verklebt?
Du zweifelst, ob er wirklich lebt?

So sag ich's dir denn ungefragt:
Er *lebt*, auch wenn dir's mißbehagt.

Er lebt im Wald »Zum stillen Kauz«,
und schon sein Vater hieß Pardauz.

Dort betet er für dich, mein Kind,
weil du und andre Sünder sind.

Du weißt nicht, was du ihm verdankst, –
doch daß du nicht schon längst ertrankst,

verbranntest oder und so weiter –
das dankst du diesem Blitzableiter

der teuflischen Gewitter. Ach,
die Welt ist rund, der Mensch ist schwach.

DIE UHR

(Eine Moor-Mär)

Vor Jahren sank in einen Sumpf
ein ganz verstorbner Menschenrumpf.
In seiner Westentasche stak
ein Ührelein mit tik und tak.

Der alte Moosfrosch spitzt das Ohr
und spricht: »Es tickt in unserm Moor!
Ei, ei, wenn mich nicht alles trügt,
so han wir eine Uhr gekriegt!«

Die Schokoladenschlange sagt:
»Wie bald, so kommt die Wassermagd
und nimmt – so ist sie – uns zum Tort
die neue Sumpfuhr neidisch fort!«

Und ehe noch das Tier geendet –
da siehst du schon herbeigewendet
die Hand der schnöden Wassernumpf!

Und wieder ward es still im Sumpf.

DER FLÜGELFLAGEL

Der Flügelflagel gaustert
durchs Wiruwaruwolz,
die rote Fingur plaustert
und grausig gutzt der Golz.

Es steht eine Lampe am weiten Meer

DIE LAMPE

Es steht eine Lampe am weiten Meer.
Wo kommt denn die Lampe, die Lampe her?

Sie trägt ein Reformhemd aus grünem Tang
und steht auf der Insel Fragnichtlang.

Die Lampe, die Lampe, die Lampe, weh,
sie kommt aus der Werweißwosisee!

Da liegt ein Schiff ganz unten kaputt,
und aus seinen Fenstern schaun Molch und Butt.

Die Wellen, die Wellen, die haben sie geschwemmt:
Jetzt träumt sie, den Fuß auf die Küste gestemmt,

in ihrem Reformkleid aus grünem Tang ...
Und im Hintergrund, da liegt – Fragnichtlang.

MÖWENLIED

Die Möwen sehen alle aus,
als ob sie Emma hießen.
Sie tragen einen weißen Flaus
und sind mit Schrot zu schießen.

Ich schieße keine Möwe tot,
ich laß sie lieber leben –
und füttre sie mit Rogggenbrot
und rötlichen Zibeben.

O Mensch, du wirst nie nebenbei
der Möwe Flug erreichen.
Wofern du Emma heißest, sei
zufrieden, ihr zu gleichen.

DER SCHAUKELSTUHL AUF DER VERLASSENEN TERRASSE

»Ich bin ein einsamer Schaukelstuhl
und wackel in Winde, im Winde.

Auf der Terrasse, da ist es kuhl,
und ich wackel im Winde, im Winde.

Und ich wackel und nackel den ganzen Tag.
Und es nackelt und rackelt die Linde.
Wer weiß, was sonst wohl noch wackeln mag
im Winde, im Winde, im Winde.«

DIE SCHILDKRÖKRÖTE

»Ich bin eintausend Jahre alt
und werde täglich älter;
der Gotenkönig Theobald
erzog mich im Behälter.

Seitdem ist mancherlei geschehn,
doch weiß ich nichts davon;
zur Zeit, da läßt für Geld mich sehn
ein Kaufmann zu Heilbronn.

Ich kenne nicht des Todes Bild
und nicht des Sterbens Nöte:
Ich bin die Schild – ich bin die Schild –
ich bin die Schild – krö –kröte.«

BRIEF EINER KLABAUTERFRAU

»Mein lieber und vertrauter Mann,
entsetzlieber Klabautermann,
ich danke dir für was du schreibst,
und daß du noch vier Wochen bleibst.

Die ›Marfa‹ ist ein schönes Schiff,
vergiß nur nicht das Teufelsriff;
ich lebe hier ganz unnervos,
denn auf der Elbe ist nichts los.

Bei einem Irrlicht in der Näh
trink manchmal ich den Fünfuhr-Tee,
doch weil sie leider böhmisch spricht,
verstehen wir einander nicht.

1. 6. 04   Stadt Trautenau.
Deine getreue Klabauterfrau.«

DER PAPAGEI

Es war einmal ein Papagei,
der war beim Schöpfungsakt dabei
und lernte gleich am rechten Ort
des ersten Menschen erstes Wort.

Des Menschen erstes Wort war A
und hieß fast alles, was er sah,
z. B. Fisch, z. B. Brod,
z. B. Leben oder Tod.

Erst nach Jahrhunderten voll Schnee
erfand der Mensch zum A das B
und dann das L und dann das Q
und schließlich noch das Z dazu.

Gedachter Papagei indem
ward älter als Methusalem
bewahrend treu in Brust und Schnabel
die erste menschliche Vokabel.

Zum Schlusse starb auch er am Zips.
Doch heut noch steht sein Bild in Gips,
geschmückt mit einem großen A,
im Staatsschatz zu Ekbatana.

HISTORISCHE BILDUNG
ODER
DIE VERFOLGTE WELTGESCHICHTE

Es sitzt ein Fräulein auf dem Altan
und liest eine Nachricht aus Ispahan.

Sie liest von einer Rebellion, –
bewegt, so hebt und sinkt ihr Ton.

Drauf liest sie eine Nachricht aus Fes
(ein Wagen rollt vorbei indess).

Drauf liest sie was aus Engelland,
die andre Dame horcht gespannt.

Dann liest die andre Dame vor;
die erste lauscht jetzt, völlig Ohr.

So lesen Tante sich und Nichte
abwechselnd vor – die Weltgeschichte.

Und folgen ihr mit strengem Blick
und äußern Beifall und Kritik.

Und bilden sich auf diese Art;
(denn »Bildung« *ist* des Weibes Bart).

Und legen dann das Tagblatt fort,
verzeihen hier und richten dort.

Die »Weltgeschichte« tritt voll Pein
von einem Bein aufs andre Bein.

DAS GRAMMOPHON

Der Teufel kam hinauf zu Gott
und brachte ihm sein Grammophon
und sprach zu ihm, nicht ohne Spott:
»Hier bring ich dir der Sphären Ton.«

Der Herr behorchte das Gequiek
und schien im Augenblick erbaut:
Es ward fürwahr die Weltmusik
vor seinem Ohr gespenstisch laut.

Doch kaum er dreimal sie gehört,
da war sie ihm zum Ekel schon, –
und höllwärts warf er, tief empört,
den Satan samt dem Grammophon.

[...]

Wer stampft so spät den dunklen Damm
als wie ein roter Feuerjoh,
Es kehrt die Tram, die letzte Tram
zum trauten Nachtdepot!
Nun schlafen
sie im Hafen,
nun pflegen sie der Roh,

nun schlafen
all die braven
im Straßenbahndepot.

ZIVILISATORISCHES

Ein Fisch schrieb jüngst in seinem Blatt:
»Ich bin des trocknen Tons nun satt.
Ich will (als einer nur von vielen)
zwei Hände, um Klavier zu spielen.
Tief in der Südsee lebt mit Brillen
ein Molch, der tut uns wohl den Willen.
Er teile das Rezept uns mit.
Bad Westerland, Sylt. E. P. Schmidt. .«

Das Blatt verließ die Druckerei.
Der Hering las es wie der Hai.
Fast jeder bis hinauf zum Wal
empfand den Einfall als Skandal,
ja, mehr als das, in seltner Einheit,
als dekadentische Gemeinheit.
(Alleinzig der Polyp sah jetzt,
wozu er in die Welt gesetzt.
Und schwamm herum, von Sinnen schier
nach einem scheiternden Klavier.)

Der Molch indes mit spitzen Ohren
hat seine Kundschaft nicht verloren:
Er sandte Schmidten die Broschüre
»Fischhände (später Manicüre)

nur durch Gymnastik in drei Jahren«.
Da war nun alles zu erfahren.
Man sieht, wie da in Westerland
zum Menschen noch der Fisch entbrannt:
die Wunder der Natur, der wilden,
kulturgemäß hinaufzubilden.

ZIMMERFREUDEN

Wenn ich mittags fenstersteh
und die große Landschaft seh,
dampft mir plötzlich Bratenrauch
in den reinen Tannenhauch.

Regst umsonst vom Erdenjoch
Flügel der Ekstase –
Ochs und Hammel steigen noch
Göttern in die Nase.

DER WALFAFISCH ODER DAS ÜBERWASSER

Das Wasser rinnt, das Wasser spinnt,
bis es die ganze Welt gewinnt.
Das Dorf ersäuft,
die Eule läuft,
und auf der Eiche sitzt ein Kind.

Dem Kind sind schon die Beinchen naß,
es ruft: das Wass, das Wass, das Wass!

Der Walfisch weint
und sagt, mir scheint,
es regnet ohne Unterlaß.

Das Wasser rann mit zasch und zisch,
die Erde ward zum Wassertisch.
Und Kind und Eul'
o greul, o greul –
sie frissifraß der Walfafisch.

ENTWURF ZU EINEM TRAUERSPIEL

Ein Fluß, namens Elster,
besinnt sich auf seine wahre Gestalt
und fliegt eines Abends
einfach weg.

Ein Mann, namens Anton,
erblickt ihn auf seinem Acker und schießt
ihn mit seiner Flinte
einfach tot.

Das Tier, namens Elster,
bereut zu spät seine selbstische Tat;
(denn – Wassersnot tritt
einfach ein).

Der Mann, namens Anton,
(und das ist leider kein Wunder) weiß
von seiner Mitschuld
einfach nichts.

Der Mann, namens Anton,
(und das versöhnt in einigem Maß),
verdurstet gleichwohl
einfach auch.

DIE NÄHE

Die Nähe ging verträumt umher ...
Sie kam nie zu den Dingen selber.
Ihr Antlitz wurde gelb und gelber,
und ihren Leib ergriff die Zehr.

Doch eines Nachts, derweil sie schlief,
da trat wer an ihr Bette hin
und sprach: »Steh auf, mein Kind, ich bin
der kategorische Komparativ!

Ich werde dich zum Näher steigern,
ja, wenn du willst, zur Näherin!«
Die Nähe, ohne sich zu weigern,
sie nahm auch dies als Schicksal hin.

Als Näherin jedoch vergaß
sie leider völlig, was sie wollte,
und nähte Putz und hieß Frau Nolte
und hielt all Obiges für Spaß.

IM WINTERKURORT

Um das Frösteln der Spatzen abzuschaffen
gründet Palmström eine Mäntelfabrik.
Diese liefert den p. p. Spatzen Waffen

wider den Frost in Form von Ulstern, Pelzen
u. s. w. Man sieht sie zur Kurmusik
auf den Promenaden behäbig stelzen.

Herr Löffel und Frau Gabel

HERR LÖFFEL UND FRAU GABEL

Herr Löffel und Frau Gabel,
die stritten sich einmal.
Der Löffel sprach zur Gabel:
»Frau Gabel, halt den Schnabel,
du bist ja bloß aus Stahl!«

Frau Gabel sprach: »Herr Löffel,
Ihr seid ein großer Töffel
mit Eurem Gesicht aus Zinn,
und wenn ich Euch zerkratze
mit meiner Katzentatze,
so ist Eure Schönheit hin!«

Das Messer lag daneben
und lachte: Gut gegeben!
Der Löffel aber fand:
Mit Herrn und Fraun aus Eisen
ist nicht gut Kirschen speisen,
und küßte Frau Gabel galant –
die Hand.

Ein kleiner Hund mit Namen Fips
erhielt vom Onkel einen Schlips
aus gelb und roter Seide.

Die Tante aber hat, o denkt,
ihm noch ein Glöcklein dran gehängt
zur Aug- und Ohrenweide.

Hei, ward der kleine Hund da stolz.
Das merkte selbst der Kaufmann Scholz
im Hause gegenüber.

Den grüßte Fips sonst mit dem Schwanz;
so ging er jetzt voll Stolze ganz
an seiner Tür vorüber.

DIE UHUFAMILIE

Im Eichbaum sitzt der Uhumann
und zieht sich seine Schuhu an.

Daneben sitzt das Uhuweibchen,
und knüpft sich zu das Uhuleibchen.

Das kleine Uhukind jedoch –
es bürstet sich die Zähne noch.

Klaus Burrmann sieht sie alle drei
und knipst sie alle drei, juchhei,

bei ihrer Morgentoalette
in seine Kamerakassette.

DER MARABU

Der Marabu, von dem es heißt,
er sei ein nachdenklicher Geist,

nimmt bei des Vollmonds hellem Brand
sehr gern ein gutes Buch zur Hand –

und setzt die Brille auf die Nase
und liest des Nachts in der Oase.

DIE ENTEN LAUFEN SCHLITTSCHUH

Die Enten laufen Schlittschuh
auf ihrem kleinen Teich.
Wo haben sie denn die Schlittschuh her –
sie sind doch gar nicht reich?

Wo haben sie denn die Schlittschuh her?
Woher? Vom Schlittschuhschmied!
Der hat sie ihnen geschenkt, weißt du,
für ein Entenschnatterlied.

SCHLUMMERLIEDCHEN [II]

Schlaf, Kindlein, schlaf!
Es war einmal ein Schaf.
Das Schaf, das ward geschoren,
da hat das Schaf gefroren.

Da zog ein guter Mann
ihm seinen Mantel an.
Jetzt braucht's nicht mehr zu frieren,
kann froh herumspazieren.

Schlaf, Kindlein, schlaf!
Es war einmal ein Schaf.

DER FUCHS UND DIE HÜHNER

Es lockt der Fuchs die Hühner,
die werden immer kühner;
er lockt sie mit der Flöte,
daß er sie alle töte.
O Hühner, laßt die Neugier sein
und fallt auf keinen Fuchs herein.

WIE SICH DER KLEINE LUTZ DIE MONATSNAMEN MERKT

Jaguar
Zebra
Nerz
Mandrill
Maikäfer
Pony
Fliegender Hund
Auerochs
Salamander

Locktauber
Robbenbär
Zehenbär.

WIEGENLIED

Schlaf, Kindlein, schlaf,
am Himmel steht ein Schaf;
das Schaf das ist aus Wasserdampf
und kämpft wie wir den Lebenskampf.
Schlaf, Kindlein, schlaf.

Schlaf, Kindlein, schlaf,
die Sonne frißt das Schaf,
sie leckt es weg vom blauen Grund
mit langer Zunge wie ein Hund.
Schlaf, Kindlein, schlaf.

Schlaf, Kindlein, schlaf.
Nun ist es fort, das Schaf.
Es kommt der Mond und schilt sein Weib;
die läuft ihm weg, das Schaf im Leib.
Schlaf, Kindlein, schlaf.

DAS NEUE SPIEL

Lirum, larum, Löffelstiel!
paßt auf, ich weiß ein neues Spiel!

Die Nase –
das ist ein Hase.

Die Ohren –
das sind zwei Mohren.

Das Kinn –
da wollen sie alle drei hin.

Jetzt fangen sie an zu laufen …
Sie können schon nicht mehr schnaufen …

Die Nase ist immer vorn,
dahinter laufen die Mohr'n.

Die Augen aber lachen:
Was sind denn das für Sachen!

Was sind denn das für Faxen!
Ihr seid doch angewachsen!

Das wissen wir allein!
so schallt es von den drei'n.

Macht euch doch nicht so groß!
Wir spielen ja doch bloß! –

Lirum, larum, Löffelstiel!
Ei, ist das nicht ein feines Spiel?

DER SPERLING UND DAS KÄNGURUH

Im zoologischen Garten

Vor seinem Haus das Känguruh –
es guckt wohl einem Sperling zu.

Der Sperling sitzt auf dem Gebäude,
doch ohne sonderliche Freude.

Vielmehr er fühlt, den Kopf geduckt,
wie ihn das Känguruh beguckt.

Der Sperling sträubt den Federflaus –
die Sache ist auch gar zu kraus.

Ihm ist, als ob er kaum noch säße . .
Wenn nun das Känguruh ihn fräße?!

Doch dieses dreht nach einer Stunde
den Kopf aus irgend einem Grunde,

vielleicht auch ohne tiefern Sinn,
nach einer andern Richtung hin.

DIE DREI SPATZEN

In einem leeren Haselstrauch
da sitzen drei Spatzen, Bauch an Bauch.

Der Erich rechts und links der Franz
und mitten drin der freche Hans.

Sie haben die Augen zu, ganz zu,
und obendrüber da schneit es, hu!

Sie rücken zusammen dicht an dicht.
So warm wie der Hans hat's niemand nicht.

Sie hör'n alle drei ihrer Herzlein Gepoch.
Und wenn sie nicht weg sind, so sitzen sie noch.

WENN'S WINTER WIRD

Der See hat eine Haut bekommen,
so daß man fast drauf gehen kann,
und kommt ein großer Fisch geschwommen,
so stößt er mit der Nase an.

Und nimmst du einen Kieselstein
und wirfst ihn drauf, so macht es klirr
und titsch – titsch – titsch – dirrrrrr.
Heißa, du lustiger Kieselstein!
Er zwitschert wie ein Vögelein
und tut als wie ein Schwälblein fliegen –
doch endlich bleibt mein Kieselstein
ganz weit, ganz weit auf dem See draußen liegen.

Da kommen die Fische haufenweis
und schaun durch das klare Fenster von Eis
und denken, der Stein wäre etwas zum Essen;
doch so sehr sie die Nase ans Eis auch pressen,
das Eis ist zu dick, das Eis ist zu alt,
sie machen sich nur die Nase kalt.

Aber, bald, bald, bald
werden wir selbst auf eigenen Sohlen
hinausgehn können und den Stein wieder holen.

EIN KINDERGEDICHT

Spann dein kleines Schirmchen auf;
Denn es möchte regnen drauf.

Denn es möchte regnen drauf,
halt nur fest den Schirmchen-Knauf.

Halt nur fest den Schirmchen-Knauf –
und jetzt lauf! und jetzt lauf!

Und jetzt lauf! und jetzt lauf!
Lauf zum Kaufmann hin und kauf!

Lauf zum Kaufmann hin und sag:
Guten Tag! guten Tag!

Guten Tag, Herr Kaufmann mein,
gib mir doch ein Stückchen Sonnenschein!

Gib mir doch ein Stückchen Sonnenschein;
denn ich will mein Schirmchen trocknen fein.

Denn ich will mein Schirmchen trocknen fein.
Und der Kaufmann geht ins Haus hinein.

Und der Kaufmann geht hinein ins Haus,
und er bringt ein Stückchen Sonne heraus.

Und er bringt ein Stückchen Sonne heraus.
Sieht es nicht wie gelber Honig aus?

Sieht es nicht wie gelber Honig schier?
Und er tut es sorgsam in Papier.

Und er tut es sorgsam in Papier.
Und dies Päckchen dann, das bringst du mir.

Und zu Haus da packen wir es aus –
sieht es nicht wie gelber Honig aus?

Und die Hälfte kriegst dann du, mein Irmchen,
und die andre Hälfte kriegt das Schirmchen.

Und jetzt spann dein Schirmchen auf –
und lauf! und lauf!

NÄCHTLICHE SCHLITTENFAHRT

Die Uhr schlägt zwölfe.
Im Walde stehn zwei Wölfe.

Zwei Wölfe stehn im Wald.
Eine Schlittenpeitsche knallt.

Ein Schlitten kommt gefahren.
Die zwei Wölfe sträuben die Haare.

Fahr zu, Fuhrmann, fahr zu!
Sonst werden dir die Wölfe was tun!

Der Fuhrmann läßt die Zügel.
Das Pferd rast über den Hügel.

Den Hügel hinauf, den Hügel hinunter –
Dahinter die Wölfe mit roten Zungen –

Jetzt fährt er über den See:
Das Eis liegt tief im Schnee.

Das Eis kracht unter den Kufen.
Jetzt sind sie am andern Ufer.

Schon kann man das Forsthaus sehn.
Die zwei Wölfe bleiben stehn.

Der Förster winkt mit der Laterne.
Überm Wald stehn hunderttausend Sterne.

Der Förster klopft den Rappen –:
Nun kriegst du auch noch ein Schaff Hafer!

Ein Schaff gelben Hafer, und Ihr,
Herr Fuhrmann, einen Krug Bier!

Der Fuhrmann sitzt in der Halle.
Das Rößlein stampft im Stalle.

Dort steht eine Kuh mit ihrem Kalb.
Die Uhr schlägt zweieinhalb.

Palmström, etwas schon an Jahren

DIE UNMÖGLICHE TATSACHE

Palmström, etwas schon an Jahren,
wird an einer Straßenbeuge
und von einem Kraftfahrzeuge
überfahren.

»Wie war« (spricht er, sich erhebend
und entschlossen weiterlebend)
»möglich, wie dies Unglück, ja –:
daß es überhaupt geschah?

Ist die Staatskunst anzuklagen
in bezug auf Kraftfahrwagen?
Gab die Polizeivorschrift
Hier dem Fahrer freie Trift?

Oder war vielmehr verboten,
hier Lebendige zu Toten
umzuwandeln, – kurz und schlicht:
Durfte hier der Kutscher nicht -?«

Eingehüllt in feuchte Tücher,
prüft er die Gesetzesbücher
und ist alsobald im klaren:
Wagen durften dort nicht fahren!

Und er kommt zu dem Ergebnis:
Nur ein Traum war das Erlebnis.
Weil, so schließt er messerscharf,
nicht sein *kann*, was nicht sein *darf*.

PHILANTROPISCH

Ein nervöser Mensch auf einer Wiese
wäre besser ohne sie daran;
darum seh' er, wie er ohne diese
(meistens mindstens) leben kann.

Kaum daß er gelegt sich auf die Gräser,
naht der Ameis, Heuschreck, Mück und Wurm,
naht der Tausendfuß und Ohrenbläser,
und die Hummel ruft zum Sturm.

Ein nervöser Mensch auf einer Wiese
tut drum besser, wieder aufzustehn
und dafür in andre Paradiese
(beispielshalber: weg) zu gehn.

PALMSTRÖM

Palmström steht an einem Teiche
und entfaltet groß ein rotes Taschentuch:
Auf dem Tuch ist eine Eiche
dargestellt, sowie ein Mensch mit einem Buch.

Palmström wagt nicht sich hineinzuschneuzen, –
er gehört zu jenen Käuzen,
die oft unvermittelt-nackt
Ehrfurcht vor dem Schönen packt.

Zärtlich faltet er zusammen,
was er eben erst entbreitet.
Und kein Fühlender wird ihn verdammen,
weil er ungeschneuzt entschreitet.

DIE KORFSCHE UHR

Korf erfindet eine Uhr,
die mit zwei Paar Zeigern kreist
und damit nach vorn nicht nur,
sondern auch nach rückwärts weist.

Zeigt sie zwei, – somit auch zehn;
zeigt sie drei, – somit auch neun;
und man braucht nur hinzusehn,
um die Zeit nicht mehr zu scheun.

Denn auf dieser Uhr von Korfen,
mit dem janushaften Lauf,
(dazu ward sie so entworfen):
hebt die Zeit sich selber auf.

DIE BEHÖRDE

Korf erhält vom Polizeibüro
ein geharnischt Formular,
wer er sei und wie und wo.

Welchen Orts er bis anheute war,
welchen Stands und überhaupt,
wo geboren, Tag und Jahr.

Ob ihm überhaupt erlaubt,
hier zu leben und zu welchem Zweck,
wieviel Geld er hat und was er glaubt.

Umgekehrten Falls man ihn vom Fleck
in Arrest verführen würde, und
drunter steht: Borowsky, Heck.

Korf erwidert darauf kurz und rund:
»Einer hohen Direktion
stellt sich, laut persönlichem Befund,

untig angefertigte Person
als nichtexistent im Eigen-Sinn
bürgerlicher Konvention

vor und aus und zeichnet, wennschonhin
mitbedauernd nebigen Betreff,
Korf. (An die Bezirksbehörde in –).«

Staunend liest's der anbetroffne Chef.

Korf ist fassungslos, und er entflieht,
wenn er Bücher wie den »Brockhaus« sieht.

Er versteht [es] nicht, wie man
zentnerschwere Bücher leiden kann.

Denn er haßt, wie man daselbst den Geist
gleichsam in ein Grab von Stoff verweist.

Geist ist leicht und sollte drum doch auch
leicht gewandet gehn, nach Geisterbrauch.

Doch der Europäer ruht erst dann,
wenn er ihn in Bretter »binden« kann.

Palmström legt des Nachts sein Chronometer,
um sein lästig Ticken nicht zu hören,
in ein Glas mit Opium oder Äther.

Morgens ist die Uhr dann ganz »herunter«.
Ihren Geist von neuem zu beschwören,
macht er sie mit schwarzem Mokka munter.

Er kommt nach Hause. Niemand sieht ihn an.
Man liebt sie nicht, die vom Gefängnis kommen.
»Es hangt doch eben immer etwas an.«

Wer im Gefängnis saß, dem bleibt ein Fleck.
Der Bürger draußen, von vollkommner Tugend,
er wendet instinktiv sich etwas weg.

Korf erfindet eine Mittagszeitung,
welche, wenn man sie gelesen hat,
ist man satt.
Ganz ohne Zubereitung
irgendeiner andern Speise.
Jeder auch nur etwas Weise
hält das Blatt.

Palmström lobt das schlechte Wetter sehr,
denn dann ist auf Erden viel mehr Ruhe;
ganz von selbst beschränkt sich das Getue,
und der Mensch geht würdiger einher.

Schon allein des Schirmes kleiner Himmel
wirkt symbolisch auf des Menschen Kern,
denn der wirkliche ist dem Gewimmel,
ach nicht ihm nur, leider noch recht fern.

Durch die Gassen oder im Gefilde
wandert Palmström, wenn die Wolke fällt,
und erfreut sich an dem Menschenbilde,
das sich kosmo-logischer verhält.

DAS BÖHMISCHE DORF

Palmström reist, mit einem Herrn v. Korf,
in ein sogenanntes Böhmisches Dorf.

Unverständlich bleibt ihm alles dort,
von dem ersten bis zum letzten Wort.

Auch v. Korf (der nur des Reimes wegen
ihn begleitet) ist um Rat verlegen.

Doch just dieses macht ihn blaß vor Glück.
Tiefentzückt kehrt unser Freund zurück.

Und er schreibt in seine Wochenchronik:
Wieder ein Erlebnis, voll von Honig!

PALMAS MUTTER

Palmas Mutter sprach einst still und schlicht:
Nahst du Frauen, vergiß die Geißel nicht.

Und der Philosoph, vom Weib gequält,
hat der Welt dies blinden Munds erzählt.

[...]

AUF DEM FLIEGENPLANETEN

Auf dem Fliegenplaneten,
da geht es dem Menschen nicht gut:
denn was er hier der Fliege,
die Fliege dort ihm tut.

An Bändern voll Honig kleben
die Menschen dort allesamt,
und andre sind zum Verleben
in süßliches Bier verdammt.

In Einem nur scheinen die Fliegen
dem Menschen vorauszustehn:
Man bäckt uns nicht in Semmeln
noch trinkt man uns aus Versehn.

ZUM LEBEN ZURÜCK!

Zum Leben zurück!
Verwechsle mir nicht Weg und Ziel!
Wohl ist auch Wandern Glück,
doch leicht wirst du der Füße Spiel.

Mit deinem Erreisten
siedle dich beizeiten an,
und strebe zu leisten,
was fördern kann.

MITMENSCHEN

Das sind die mitleidlosen Steine,
die Tag und Nacht dein Ich zerreiben;
willst du dein ganzer Eigner bleiben,
so flieh die liebende Gemeine.

Und bricht einmal dein volles Herz
und spricht von einer Überwindung: –
»Oh!« ruft des Nächsten kleiner Schmerz,
»bei Gott, ich kenne die Empfindung!«

Daß er so wenig weiß und kann,
das ist es, was den Edlen schmerzt,
indes der eitle Dutzendmann
zu jedem Urteil sich beherzt.

DIE HOCHZEIT DER DINGE

Am Abend wenn der Mensch ist tot
  ti – ta – tot,
dann machen die Dinge Hochzeit,
  Hi – Ha – Hochzeit.

Dann heiratet das Holz den Stein
und bekommt mit ihm Kinderlein;
die werden wieder Hochzeiter
und so weiter.

Und auch die großen Lexika
schließen dann ihre Ehen.
Welch eine Sprachverwirrung wird da
von neuem wieder erstehen.

Dann werden sich endlich auch einmal
die Stiefel heiraten können
und Kinder kriegen ohne Zahl.
Es ist ihnen auch zu gönnen.

DER FREMDE BAUER

Ein Mann mit einer Sense tritt
zur Dämmerzeit beim Dorfschmied ein.
Der schlägt sie fester an den Stiel
und dengelt sie und schleift sie scharf
und gibt sie frohen Spruchs zurück
und frägt sein wer? woher? wohin?
und lauscht dem Fremden offnen Munds,
als der ihm dies und das erzählt.
Und wie die Rede irrt und kreist,
berührt sie auch das letzte Los,
das jedem fällt, und – »Unverhofft!
so möcht' ich hingehn!« ruft der Schmied –
und stürzt zusammen wie vom Blitz ...
Die Sense auf der Schulter geht
der fremde Mann das Dorf hinab.

BALLADE AUS EINEM TOTENTANZ

Tief im Walde sitzt der Tod
und schnitzt an einem Segelboot,
  Si-Sa-Segelboot.

Wie die Geschichte weiter geht,
sich von selbst versteht.

Blödem Volke unverständlich

GALGENBERG

Blödem Volke unverständlich
treiben wir des Lebens Spiel.
Gerade das, was unabwendlich,
fruchtet unserm Spott als Ziel.

Magst es Kinder-Rache nennen
an des Daseins tiefem Ernst; –
wirst das Leben besser kennen,
wenn du uns verstehen lernst.

O – RAISON D'ESCLAVE

Lügen, Lügen! gebt uns Lügen!
Ach, die Wahrheit ist so roh!
Wahrheit macht uns kein Vergnügen,
Lügen machen fett und froh!

DIE PERLE DER SAISON

Es steht ein völlig goldnes Huhn
auf völlig samtnem Miste.
Du brauchst das Ganze nur zu tun
in eine Bilderkiste, –

dann wird in einem Kunstsalon
der Packen aufgestellt
und als die »Perle der Saison«
bestaunt von aller Welt.

AN DIE MORAL-LIBERALEN

Ihr seid mir kluge, wackre Leute,
nicht Fleisch nicht Fisch, nicht heiß nicht kalt,
im Gestern halb und halb im Heute, –
Freigeister ihr, mit Vorbehalt.

Herr Meier hält sich für das Maß der Welt.
Verständlich *ist* allein, was *ihm* erhellt.

Herr Meier sagt, wozu doch eure Kunst,
wenn nicht für mich! Sonst ist sie eitel Dunst.

Noch mehr, bei weitem mehr: Herr Meier meint,
daß dann die Kunst im Grunde sträflich scheint.

Man muß sich eiligst von Herrn Meier wenden,
um nicht mit Mord und Raserei zu enden.

UKAS

Durch Anschlag mach ich euch bekannt:
Heut ist kein Fest im deutschen Land.
Drum sei der Tag für alle Zeit
zum Nichtfest-Feiertag geweiht.

SCHULE

Das erste, was ich sah, war Heuchelei.
Ein Lehrer faltete die fetten Hände
und sprach ein weinerlich Gebet dabei.

DIE DUMMHEIT SPRICHT

Der Mensch begießt, wer weiß warum,
den Nächsten mit Petroleum;
und steckt ihn an, und dieser ihn,
und beide brennen sie wie Kien.

Die Dummheit sitzt im Sorgenstuhl!
Ach Gott, ist das ein Jammerpfuhl!
Allein, allein, allein, allein,
es muß wohl sein, es muß wohl sein.

Es spricht in ihrem Schädel hohl:
Man braucht ihn wohl, man braucht ihn wohl,
den Krieg, denn wenn der Krieg verstummt,
so ist gewiß, daß man verdummt.

Verdummen aber darf man nicht,
mit tiefem Blick die Dummheit spricht;
nur dumm nicht – spricht sie – eher roh.
Ach Gott, wir sind nun einmal so.

DIE GROSSE MINUTE

Der Bahnvorstand des kleinen Orts
bedünkt vom Rang sich eines Lords.

Ein Vorort-, Fern- und Güterzug
zu gleicher Zeit(!) – das ist genug.

Er steckt die Hand vorn in die Brust
und blickt mit wahrer Feldherrnlust.

Er streckt den Arm bald her, bald hin:
Sein Leben hat nun wirklich Sinn …

Zum Größten spräch sein Herz nun: Komm!
Hier steht ein Mensch, voilà un homme!

DIE ZEIT

Es gibt ein sehr probates Mittel,
die Zeit zu halten am Schlawittel:
Man nimmt die Taschenuhr zur Hand
und folgt dem Zeiger unverwandt.

Sie geht so langsam dann, so brav
als wie ein wohlgezogen Schaf,
setzt Fuß vor Fuß so voll Manier
als wie ein Fräulein von Saint-Cyr.

Jedoch verträumst du dich ein Weilchen,
so rückt das züchtigliche Veilchen
mit Beinen wie der Vogel Strauß
und heimlich wie ein Puma aus.

Und wieder siehst du auf sie nieder;
ha, Elende! – Doch was ist das?
Unschuldig lächelnd macht sie wieder
die zierlichsten Sekunden-Pas.

AN BERLIN

Wie ich dich hasse
und alle die in dir hausen,
diese kompakte Masse
elender Banausen.

DER MORD

Eine Berliner Ballade

Es liegt ein Mann in der Panke
... winkewanke ... winkewanke ...

Wer hat ihn in dies Bett gestupft,
dahin doch sonst der Frosch nur hupft? ...

Es sieht ihn einer schlafen –
der hockt in Bremerhaven.

Der hockt in einem leeren Faß
im Schiffsbauch der ›Felicitas‹. –

Es liegt ein Mann in der Panke
... winkewanke ... winkewanke ...

[...]

DER BERLINER LANDWEHRKANAL SINGT:

Ich bitte, tut mich asphaltieren,
ich nütze nicht, ich schade nur,
und geht und fahrt auf mir spazieren
als wie auf allerschönster Flur
und nennt mich dann mit Haut und Haar
den Kaiser-Friedrich-Boulevard.

Zu Wasser wird so manches Gute,
doch ich, ich würde zu Asphalt,
auf dem dann statt der Äpfelschute
der Autobus des Weges wallt.
In jeder Form – ich dien' euch gern.
Auf, auf! Und füllt mich auf, ihr Herrn!

Doch wenn in Herbst- und Frühlingsnächten
ein Nöck auf dem Trottoir erscheint,
so wollt den armen Geist nicht ächten,
bei Gott, es wär nicht bös gemeint.
Man hat doch nun mal seinen Geist,
auch wenn man längst nicht mehr so heißt.

BERLIN

Ob's Deutschland ist zum Wohle,
daß du der Musen Sitz,
du nordische Metropole,
mit deinem klugen Witz?

Mich kümmert diese Wendung
von Süd nach Norden hin,
ich glaub' an deine Sendung
nicht recht, du Spötterin.

Im Reich der Forschung säumen
wir, dir zu huld'gen, nicht –
das Sinnen und das Träumen
steht fremd dir zu Gesicht.

AUS DER VORSTADT

(Mit Seele vorzutragen)

»Ich bin eine neue Straße
noch ohne Haus, o Graus.
Ich bin eine neue Straße
und sehe komisch aus.

Der Mond blickt aus den Wolken –
ich sage: Nur gemach –
(der Mond blickt aus den Wolken)
die Häuser kommen noch nach!

Ich heiß auch schon seit gestern,
und zwar Neu-Friedrichskron;
und links und rechts die Schwestern,
die heißen alle schon.

Die Herren Aktionäre,
die haben mir schon vertraut:
Es währt nicht lange, auf Ehre,
so werd ich angebaut.

Der Mond geht in den Himmel,
schließt hinter sich die Tür –
der Mond geht in den Himmel –
ich kann doch nichts dafür!«

BERLINER MÄGDE AM SONNABEND

Sie hängen sie an die Leiste,
die Teppiche klein und groß,
sie hauen, sie hauen im Geiste
auf ihre Herrschaft los.

Mit einem wilden Behagen,
mit wahrer Berserkerwut,
für eine Woche voll Plagen
kühlen sie sich den Mut.

Sie hauen mit splitternden Rohren
im infernalischen Takt.
Die vorderhäuslichen Ohren
nehmen davon nicht Akt.

Doch hinten jammern, zerrissen
im Tiefsten von Hieb und Stoß,
die Läufer, die Perserkissen
und die dicken deutschen Plumeaus.

Was sagst du zum neuen Berlin? –
Keine Kultur, viel Disziplin.

DER KORBSTUHL

Befreit von jeder Menschenfracht
erholt der Korbstuhl sich bei Nacht.

Er re-agiert mit seinem Rohr
und kehrt die eigne Art hervor.

Er reckt und dehnt sich wohlig aus,
gewissermaßen »wie zu Haus«.

Sonst stets besetzt, erlebt er itzt
die Seligkeit, daß selbst er – sitzt.

»Ein Sessel in sich selbst«, – fürwahr,
ein Ding, so tief als wunderbar!

DIE WIEDERHERGESTELLTE RUHE

Aus ihrem Bette steigt sie bleich
im langen Hemd und setzt sich gleich.

Die Zofe bringt ihr Rock und Schuh
und führt sie sanft dem Diwan zu.

Todmüd in grauen Höhlen liegt
der Blick, den Fieber fast besiegt.

Ihr ganzer Leib ist wie verzehrt,
als hätt' in ihm gewühlt ein Schwert.

Der Medicus erzählt der Welt,
sie sei nun wieder hergestellt ...

Die Zofe kniet vor ihr und gibt
ihr von den Blumen, die sie liebt,

und schmückt sie zärtlich aus der Truhe, –
die wiederhergestellte Ruhe.

Der Festredner:
»Unsterblich werden Sie leben,
solang es Menschenmund
und Menschenwitz wird geben
auf diesem Erdenrund.«

Ein Fähnrich, halblaut zur Gattin des
Gefeierten, Frau Prof. Ulich:
»Was hat denn Ihr Gemahl
nun eigentlich ausgeheckt?«

Die Gattin ebenso:
»Er hat einen neuen Vokal
erfunden oder entdeckt.«

Der Fähnrich:
»Das ist ja phänomenal,
eine wahre Speise für Geister!
Na, Gnädigste, und wie heißt er
denn nun, dieser neue Vokal?«

Die Gattin:
»Er kann ihn noch niemandem sagen,
er läßt ihn erst patentiern;
wir woll'n – nach so langen Plagen –
doch nicht ihr Erträgnis verliern!«

Der Fähnrich:
»Verstehe, Sie wollen Tantiemen!«

Die Gattin:
»Gewiß, das ist unser Ziel!
Wer den Vokal will nehmen,
erhält ihn für so und so viel.«

Der Festredner, abschließend:
»Sie gaben uns mehr, Herr Ulich,
als irgend ein Mensch bislang;
wir trollten fromm und betulich
den alten Schlendriangang.
Da kamen Sie, Geist der Geister,
in unser Jammertal
und gaben uns, teurer Meister,
den *August-Ulich-Vokal*!«

IN DEN KIRCHEN

Und immer wieder winkt ein Sakristan:
»Was fliehst du, lieber Bruder, unsre Näh'?
Gestattet ist, erwünscht sogar, zu nahn, –
die Kirche liebt dich – und dein Portemonnaie.«

MÖNCHE

Ein dickes Kreuz auf dickerm Bauch.
Wer spürte nicht der Gottheit Hauch!

Oh, wer um alle Rosen wüßte

VON DEN HEIMLICHEN ROSEN

Oh, wer um alle Rosen wüßte,
die rings in stillen Gärten stehn –
oh, wer um alle wüßte, müßte
wie im Rausch durchs Leben gehn.

Du brichst hinein mit rauhen Sinnen,
als wie ein Wind in einen Wald –
und wie ein Duft wehst du von hinnen,
dir selbst verwandelte Gestalt.

Oh, wer um alle Rosen wüßte,
die rings in stillen Gärten stehn –
oh, wer um alle wüßte, müßte
wie im Rausch durchs Leben gehn.

EINE JUNGE WITWE SINGT VOR SICH HIN

Sitze nun so allein,
traurig in Schwarz gehüllt,
gehe fort, komme heim, –
immer sein Bild!

Ach, und das Leben rings
lacht mich so lockend an,

aber des Schmetterlings
Flügel sind lahm.

Wenn ich in'n Spiegel schau –:
Lippen so rot, so rot –
Seide so tot, so tot –:
Einsame Frau . . .

Draußen so Lenz und Licht,
drinnen so tränengrau, –
faß es und faß es nicht –:
Einsame Frau . . .

OHNE GEIGE

Ich möcht eine Geige haben,
so ganz für mich allein,
da spielt ich all meine Schmerzen
und all meine Lust hinein.

Denn ach, ihr lieben Leute,
ihr wißt nicht, was geigen heißt,
ihr habt wohl fleißige Finger,
doch nicht den heiligen Geist.

Ich höre die Welten singen,
wenn er mein Haupt durchweht –
doch ach, ich hab keine Geige,
ich bin nur ein armer Poet.

EINER SCHOTTIN

Nie hörte ich mit solchem Liebreiz je ein Weib
antworten, mit solch hingegebenster Weiblichkeit,
als Dich dein ›yes‹, dein ›yes‹ auf deiner Nachbarn Wort.
Der sanften braunen Augen einer Kuh
erinnert mich dies so von aller Feindlichkeit,
von aller Selbstigkeit entblößte weiche ›yes‹.
Und schottische Mondscheinnächte, wie ich manchmal
sie
gemalt sah, steigen herzelösend vor mir auf
und zeigen mir die Heimat, deren Kind du bist.

ERDEN-WÜNSCHE

Ein Weib, ein Hund, ein Segelboot,
mein Freund, sein Weib und sonst nichts mehr;
ein freies Schaffen, ein edler Tod,
das wäre so mein Begehr.
[...]

LIEBE

Das Feuer brennt,
das Feuer nennt,
die Luft sein Schwesterelement –
und frißt sie doch (samt dem Ozon)!
Das ist die Liebe, lieber Sohn.

MODERNE ROMANTIK

Kecker Bursche zog ich aus,
Frühlingsstorm im jungen Schädel.
Nun ade, du Vaterhaus!
Heißa, blondes Mädel!

In die Welt zog Jahr um Jahr ...
Aus ist meine Rolle ...
Welkes Gartenlaub im Haar
sitz ich da und schmolle.

– O nein, Ihr Schirmchen hat mich nicht belästigt,
mein liebes Fräulein! Zwar es traf mein Herz
und hatte sich schon völlig – ohne Scherz! –
mit seinen Widerhaken drin befestigt.
Mir scheint, der Stock ist einst ein Pfeil gewesen,
dieweil er solche Liebeswunden sticht –
oh helfen Sie mir, wieder zu genesen! –
Mein Gott, was machen Sie für ein Gesicht!

WALDKONZERTE ...

Waldkonzerte! Waldwindchöre!
Düstres Solo strenger Föhre –
Tannensatz nach tiefem Schweigen –
heller Birken Mädchenreigen –

Buschgeschwätze – Gräserlieder –
Blätterskalen auf und nieder – –
wenn ich euch nur immer höre –
Waldkonzerte! Waldwindchöre!

VOR DEM BILDE MEINER VERSTORBENEN MUTTER

Dieser zarte Leib hat mich geboren;
grausam drängt' ich mich aus seinem Schoß,
riß mein Leben von dem seinen los,
hab' ihn hinter mir in Nacht verloren.

Kehrst du nie zurück, auch nicht im Geiste?
Bist du mir gestorben, ewiglich?
Und doch gab es eine Zeit: da kreiste
deines Herzens Blut durch dich *und* mich!

UND SO HEBE DICH DENN ...

Und so hebe dich denn
aus den Nebeln des Grams
auf des Selbstvertrauens
mächtigen Fittichen
aufwärts,
bis du dir selber
mit all deinem Leide
klein wirst,
groß wirst

über dir selber
und all deinem Leide.

WINTERNACHT

Flockendichte Winternacht …
Heimkehr von der Schenke …
Stilles Einsamwandern macht,
daß ich deiner denke.

Schau dich fern im dunklen Raum
ruhn in bleichen Linnen …
Leb ich wohl in deinem Traum
ganz geheim tiefinnen?…

Stilles Einsamwandern macht,
daß ich nach dir leide …
Eine weiße Flockennacht
flüstert um uns beide …

FEIERABEND

Lindenduft … Bienenchor …
Vogelsang und Brunnenrauschen …
Knarrend schließt sich Tor um Tor;
Feierabend lockt hervor,
Grüße auszutauschen.

Junges Volk will Gesang,
Fiedelspiel und kecke Reigen;
säume heute keiner lang,
sich zur Ehr und uns zu Dank
seine Kunst zu zeigen!

Einer weiß ein neues Lied,
andre freuen sich der alten;
wer von Fern zu Ferne zieht,
muß es, eh er weiterflieht,
fröhlich mit uns halten.

Düfteschwerer Dämmerflor ...
Vogelsang und Brunnenplauschen ...
Trete nun der Mensch hervor,
lasse in den großen Chor
seine Stimme rauschen!

DER ABEND

Auf braunen Sammetschuhen geht
der Abend durch das müde Land,
sein weiter Mantel wallt und weht,
und Schlummer fällt von seiner Hand.

Mit stiller Fackel steckt er nun
der Sterne treue Kerzen an.
Sei ruhig, Herz! Das Dunkel kann
dir nun kein Leid mehr tun.

BILD AUS SEHNSUCHT

Über weite braune Hügel
führt der Landmann seinen Pflug.
Droben mit gestrecktem Flügel
schwimmt des Adlers breiter Bug.

Fern aus Höfen unter Bäumen
zittert Rauch im Morgenglanz.
Und die fernste Ferne säumen
Wälder wie ein dunkler Kranz.

DIE WAHNSINNIGE

»Ich will den Kapitän sehn«, schrie
die Frau, »den Kapitän, verstehn Sie?«
»Das ist unmöglich«, hieß es. »Gehn Sie!
so gehn Sie doch!! Sie sehn ihn nie!«

Das Weib, mit rasender Gebärde:
»So bringen Sie ihm *das* – und *das* –«
(Sie spie die ganze Reling naß.)
Das Schiff, auf dem sie fuhr, hieß »Erde«.

INHALT

Die Rehlein falten die Zehlein

Ein Schnupfen hockt auf der Terrasse

Ein Seufzer lief Schlittschuh

Am Morgen spricht die Magd ganz wild

Es steht eine Lampe am weiten Meer

Herr Löffel und Frau Gabel

Palmström, etwas schon an Jahren

Blödem Volke unverständlich

Oh, wer um alle Rosen wüßte

ZU DIESER AUSGABE

Die Texte folgen der Ausgabe: Christian Morgenstern, Gedichte in einem Band. Hg. v. Reinhardt Habel. Insel Verlag Frankfurt am Main und Leipzig 2003

»Das Leben lieben«

Anthologien
im insel taschenbuch

Glück. Erkundigungen, eingeholt von Gottfried Honnefelder. it 1459. 377 Seiten

Träume sind wahr. Gedanken zur Nacht. Ausgewählt von Rainer Weiss. it 2737. 176 Seiten

Die Gunst des Augenblicks. Von der Kunst, in der Gegenwart zu leben. Herausgegeben von Hans-Joachim Simm. it 3005. 158 Seiten

Die Kunst, glücklich zu sein. Asiatische Lebensweisheiten. Herausgegeben und Ausgewählt von Ursula Gräfe. it 3124. 117 Seiten

Das Leben lieben. Ausgewählt von Rainer Weiss. it 2634. 176 Seiten

Lob der Faulheit. Geschichten und Gedichte. Ausgewählt von Joachim Schultz und Gerhard Köpf. it 3072. 220 Seiten

Orte der Seele. Gedanken über das Jenseits. Herausgegeben von Hans-Joachim Simm. it 2238. 327 Seiten

Von der Versöhnung. Texte zum Nachdenken. Ausgewählt von Hans-Joachim Simm. it 2779. 160 Seiten

Von der Würde des Menschen. Ausgewählt von Hans-Joachim Simm. it 2545. 151 Seiten

Was also ist die Zeit? Erfahrungen der Zeit, gesammelt von Gottfried Honnefelder. it 1774. 284 Seiten

NF 18/1/1.09

Mit dem inseltaschenbuch durch das Jahr

Das Buch vom Schnee. Lesestoff für Wintertage. Herausgegeben von Simone Frieling. it 2695. 220 Seiten

Fröhliche Ostern. Geschichten und Gedichte. Ausgewählt von Peter Wenzel. it 3089. 140 Seiten

Das Frühlingsbuch. Gedichte und Prosa. Herausgegeben von Hans Bender und Nikolaus Wolter. it 914. 238 Seiten

Frühlingserwachen. Geschichten von der ersten Liebe. Herausgegeben und ausgewählt von Felicitas Bovis. it 3135. 171 Seiten

Das Herbstbuch. Gedichte und Prosa. Herausgegeben von Hans Bender. it 657. 262 Seiten

Von Insel zu Insel. Ein Lesebuch. Ausgewählt von Lothar Meier. it 3054. 273 Seiten

Meer in Sicht. Geschichten von Wellen, Wind und weiten Stränden. Herausgegeben und ausgewählt von Günter Stolzenberger. it 2931. 238 Seiten

Mörderischer Sommer. Spannende Kriminalgeschichten für heiße Tage. Ausgewählt von Carolin Bunk und Hans Sarkowicz. it 3422. 180 Seiten

Oktoberfest! Ein literarischer Wiesnbummel mit Peter Maigler. Mit zahlreichen farbigen Fotografien. it 3352. 248 Seiten

NF 17/1/1.09

Ostern in Rom. Herausgegeben von Stefan Janson. it 2596. 234 Seiten

Die Rose. Herausgegeben von Beatrix Müller-Kampel. Mit farbigen Fotografien. it 2619. 179 Seiten

Schwimmen. Texte und Bilder. Herausgegeben von Gisela Linder. it 2523. 140 Seiten

Das Sommerbuch. Gedichte und Prosa. Herausgegeben von Hans Bender. it 847. 230 Seiten

Tödliches Eis. Kriminalgeschichten aus Skandinavien. Ausgewählt von Carolin Bunk und Hans Sarkowicz. it 3383. 182 Seiten

Warum in die Ferne? Das Lesebuch für Daheimgebliebene. Ausgewählt von Hans Christian Kosler. it 2832. 200 Seiten

Das Winterbuch. Gedichte und Prosa. Herausgegeben von Hans Bender und Hans Georg Schwank. it 728. 252 Seiten

Hermann Hesse

Bäume. Betrachtungen und Gedichte. Zusammengestellt von Volker Michels. Mit Fotografien von Pieter Jos van Limbergen. it 455. 141 Seiten

Freude am Garten. Betrachtungen, Gedichte und Fotografien. Mit farbigen Aquarellen des Dichters. Herausgegeben und mit einem Nachwort versehen von Volker Michels. it 1329. 233 Seiten

NF 17/2/1.09

In Weihnachtszeiten. Betrachtungen, Gedichte und Aquarelle des Verfassers. Ausgewählt und mit einem Nachwort von Volker Michels. it 2418. 118 Seiten

Jahreszeiten. Betrachtungen, Gedichte und Aquarelle. Zusammengestellt von Volker Michels. it 2339. 131 Seiten

Weihnachten. Betrachtungen und Gedichte zur Winter- und Weihnachtszeit. Ausgewählt und mit einem Nachwort versehen von Volker Michels. it 3302. 106 Seiten

Wolken. Betrachtungen und Gedichte. Herausgegeben von Volker Michels. Mit Fotografien von Pieter Jos van Limbergen. it 3332. 147 Seiten

NF 17/3/1.09

»Freude am Garten«
im insel taschenbuch
Eine Auswahl

Alle Vögel sind schon da. Geschichten und Gedichte. Ausgewählt von Simone Frieling. it 3085. 171 Seiten

Alpenblumen im Frühling. In Holz geschnitten und kolriert von Josef Weisz. Nachbemerkung von Josef Weisz. Botanische Erläuterungen von Gerd Miller. 64 Seiten. IB 1142

Elizabeth von Arnim
- Elizabeth und ihr Garten. Roman. Aus dem Englischen von Adelheid Dormagen. Gebunden und it 1293. 131 Seiten
- Der Garten der Kindheit. Übersetzt von Leonore Schwartz. it 3258. 67 Seiten

Bäume. Gedichte und Prosa. Ausgewählt von Gottfried Honnefelder. it 1811. 282 Seiten

Marianne Beuchert
- Gärten am Reiseweg. Von Irland bis Portugal. Mit farbigen Fotografien von Marion Nickig. 160 Seiten. Gebunden
- Die Gärten Chinas. it 2195. 280 Seiten
- Symbolik der Pflanzen. Von Akelei bis Zypresse. Mit Aquarellen von Maria-Therese Tietmeyer. it 2994. 391 Seiten.

Blütenzauber. Die schönsten Blumengedichte. Ausgewählt von Gesine Dammel. it 2422. 93 Seiten

Esther Gallwitz. Schneewittchens Apfel. Pflanzen in Grimms Märchen. Mit farbigen Aquarellen von Maria-Therese Tietmeyer. it 2530. 209 Seiten

NF 56/1/12.07

Die Geschichte der Gärten und Parks. Mit zahlreichen Fotografien. Herausgegeben von Hans Sarkowicz. it 2723. 321 Seiten

Ginkgo. Der Baum des Lebens. Ein Lesebuch.it 2995. 96 Seiten

Mit Goethe durch den Garten. Ein ABC für Gartenfreunde. Herausgegeben von Claudia Schmölders. Illustrationen von Hans Traxler. it 1211. 137 Seiten

Willi Harwerth
- Das kleine Baumbuch. Die deutschen Waldbäume. Geleitwort von Friedrich Schnack. Farbige Bilder von Willi Harwerth. IB 316. 68 Seiten
- Das kleine Kräuterbuch. Einheimische Heil-, Würz- und Duftpflanzen, nach der Natur gezeichnet von Willi Harwerth. Mit einer kleinen Kräuterkunde von Friedrich Schnack und Erläuterungen von Sandro Limbach. Mit 36 Bildtafeln. IB 269. 80 Seiten

Zbigniew Herbert. Der Tulpen bitterer Duft. 64 Seiten. IB 1215

Hermann Hesse
- Bäume. Betrachtungen und Gedichte. Mit farbigen Fotografien von Pieter Jos van Limbergen. Herausgegeben von Volker Michels. it 455. 141 Seiten
- Freude am Garten. Betrachtungen, Gedichte und Fotografien. Herausgegeben und mit einem Nachwort versehen von Volker Michels. it 2204. 240 Seiten
- Im Garten. Betrachtungen, Gedichte und Bilder. Auswahl und Nachwort von Volker Michels. it 1329. 240 Seiten
- Jahreszeiten. Betrachtungen, Gedichte und Aquarelle. Zusammengestellt von Volker Michels. it 2339. Großdruck. 144 Seiten
- Schmetterlinge. Betrachtungen, Erzählungen, Gedichte. Zusammengestellt und mit einem Nachwort versehen von Vol-

NF 56/2/12.07

ker Michels. Mit farbigen Illustrationen. it 2424. 160 Seiten
- Stunden im Garten. Der lahme Knabe. Zwei Idyllen. Mit Zeichnungen von Gunter Böhmer. IB 999. 124 Seiten
- Vogel. Ein Märchen. Illustriert von Gunter Böhmer. Mit einem Nachwort von Volker Michels. it 2399. 103 Seiten

Hinter Mauern ein Paradies. Der mittelalterliche Garten. 112 Seiten. IB1184

Martina Hochheimer.
- Die Blumen in den Wintertagen. IB 1273. 66 Seiten
- »Und die Blumen des Sommers, die schön im Winde läuten«. IB1219 . 72 Seiten
- »Schönheit dieser Welt«. Blumen des Herbstes. Fotografiert und Textauswahl von Martina Hochheimer. 71 Seiten. IB1286
- Veilchen träumen schon. Die Blumen des Frühlings. IB1241. 72 Seiten

Marie Luise Kaschnitz. Der alte Garten. Ein Märchen. Großdruck. it 2394. 288 Seiten

Maria Sibylla Merian
- Das Insektenbuch. Metamorphosis Insectorum Surinamensium. Nachdruck der 1707 in Amsterdam erschienenen Ausgabe nach dem Exemplar der Sächsischen Landesbibliothek zu Dresden. Begleittext von Helmut Deckert. Mit 60 Bildtafeln. it 2870. 168 Seiten
- Neues Blumenbuch. Nachdruck der 1680 in Nürnberg erschienenen Ausgabe nach dem Exemplar der Sächsischen Landesbibliothek in Dresden. Begleittext von Helmut Deckert. 305 Seiten. Gebunden. und it 2927. 151 Seiten.

Olive. Der heilige Baum. Geschichten und Gedichte mit farbigen Abbildungen. Ausgewählt von Andrea Schellinger. it 3031. 155 Seiten

NF 56/3/12.07

Eliza Orzeszkowa. Die Blumenhochzeit. Ein Märchen. it 2397. 66 Seiten

Anna Pavord. Die Tulpe. Eine Kulturgeschichte. Übersetzt von Sven Dörper und Thomas Wollermann. Mit farbigen Abbildungen. it 2881. 285 Seiten.

Hermann Fürst von Pückler-Muskau. Andeutungen über Landschaftsgärtnerei. Herausgegeben von Günter J. Vaupel. it 1024. 377 Seiten

Eça de Queiroz. Die Rose. Übersetzt von Ulrich Kunzmann. 55 Seiten. IB 1177

Rainer Maria Rilke.
- Frühling. Ausgewählt von Thilo von Pape. it 3255. 118 Seiten
- Herbst. Ausgewählt von Thilo von Pape. it 3288. 116 Seiten
- In einem fremden Park. Gartengedichte. IB 1125. 128 Seiten
- Jahreszeiten. Gedichte und Gedanken. Ausgewählt von Vera Hauschild.it 3109. 126 Seiten
- Sommer. Ausgewählt von Thilo von Pape. it 3266. 114 Seiten
- Winter. Ausgewählt von Thilo von Pape. it 3289. 124 Seiten

Die Rose. Gedichte und Prosa. Ausgewählt von Beatrix Müller-Kampel. Mit farbigen Fotografien. it 2619. 187 Seiten

Johannes Roth
- Gartenlust. Mit farbigen Fotografien von Marion Nickig. it 1390. 249 Seiten
- Die neue Gartenlust. Mit farbigen Fotografien von Marion Nickig. it 1571. 166 Seiten
- Gartenlust. Die neue Gartenlust. Mit farbigen Fotografien von Marion Nickig. Zwei Bände in Kassette. it 3035. 415 Seiten

NF 56/4/12.07

Vita Sackville-West. Sissinghurst. Portrait eines Gartens. it 3183 127 Seiten

Peter Sager. Englische Gartenlust. Von Cornwall bis Kew Gardens. it 3184. 162 Seiten

Schmetterlinge. Geschichten und Gedichte. Auswahl von Simone Frieling. it 2882. 196 Seiten

Siegfried Unseld. Goethe und der Ginkgo. Ein Baum und ein Gedicht. Mit Abbildungen. IB 1188. 112 Seiten

Von Fliegen und Menschen. Geschichten und Gedichte. Ausgewählt von Margit Wyder. it 2933. 250 Seiten

Die vier Jahreszeiten. Gedichte und Prosa. Vier Bände einzeln:
- Das Frühlingsbuch. Herausgegeben von Hans Bender und Nikolaus Wolters. it 2201. 233 Seiten
- Das Sommerbuch. Herausgegeben von Hans Bender. it 847. 230 Seiten
- Das Herbstbuch. Herausgegeben von Hans Bender. it 657. 262 Seiten
- Das Winterbuch. Herausgegeben von Hans Bender und Hans Georg Schwark. it 728. 252 Seiten

Karl Heinrich Waggerl. Das Wiesenbuch. 75 Seiten. IB426

NF 56/5/12.07